# Fitzgerald Kusz
# Zwedschgä

Mit einem Nachwort
von Helmut Haberkamm

**ars vivendi**

Originalausgabe

Erste Auflage Oktober 2012
© 2012 by ars vivendi verlag
GmbH & Co. KG, Cadolzburg
Alle Rechte vorbehalten
www.arsvivendi.com

Umschlaggestaltung: Svetlana Handschuh
Typografie und Ausstattung: ars vivendi verlag
Druck: CPI Ebner & Spiegel, Ulm
Printed in Germany

ISBN 978-3-86913-178-8

# Inhalt

# I. diägaddn

## der fränkische anrufbeantworter

grüß godd
iich bins
iich bin fei ned dou
woui bin
moochi ned soong
wenns saa mou
könnäs mä dou
nachm bfeifdoon
wos draff soong
sie könnäs
obbä aa
genausugoud
saa loun
ade

## wassd scho

weä waaß scho
wäi schbeeds is
kannä waaß dassis waaß
weä waaß scho
wos di uä gschloong houd
kannä waaß obbis waaß
weä waaß scho
wos aff ann zoukummd
kannä waaß wossi waaß
weä waaß scho
wos aff ann wadd
kannä waaß wos
kannä
wos waaß denn iich

## der erotische garten

di hordensien schdennä aff di rosn
di rosn flördn middi lilien
di lilien baggern inn oleander oo
dä oleander is näsch aff di dohlien
di dohlien senn scharf aff di wickn
di wickn bussiän middi gänseblümmlä
di gänseblümmlä schwärmä fiä di dulbm
di dulbm schmachdn di fuchsschwänz oo:
obbä däi hamm blouß nu aung
fiä di sunnäblummä

## des

des gibds ned
des glabbsd ned
des derf ned woä saa
des gäihd ned in mein kubf nei
des läßd mä kann rouh
des houi kummä säing
des hammä edz dävoo
des kummd aff uns zou
des kammä ned aufhaldn
des kummd unvähoffd
des bläihd uns
des is aff amall dou

## zwedschgä

*sehr frei nach w.c. williams*

wou senn däi zwedschgä
däi zwedschgä woui
in kiehlschrank nei hou
iich möchäd wissn wou däi
zwedschgä hiikummä senn
däi goudn goudn zwedschgä
däi woän su säiß su zuggäsäiß
iich hou mi scho su draff gfreid
däi senn kamm wos oogangä
däi houi fiä miich affd seidn
iich will mei zwedschgä widdä
wou senn däi
weä houd däi
weä

## vegetarisches massaker

di domoodn könnä nu su schreiä
däi kummä undäs messä
di gelbäroum solln es maul haldn
däi werrn ganz fein zäschdückld
dä salood soll aufhörn zum jammern
deä werd underm wassähohnä dädränkd
di gurkn solln si blouß ned su aufreeng
däi werrn schäi in scheim gschniidn
di radieslä kummä aa ned dävoo
dennä werd dä kubf oogrissn
di zwiebl greinä umäsunsd
däi werrn klidzäklaa zähackd
allers mou schderm
obbä iich leeb

## umsunsd

worschd aff wos dassd waddsd
obsd haid waddsd
oddä morng waddsd
obsd dähamm waddsd
oddä foddgäihsd und waddsd
obsd richdi waddsd
werkli richdi waddsd
oddä obsd blouß su dousd
als obsd ned waddsd
obwuhlsd doch waddsd
worschd aff wos dassd waddsd
du waddsd umsunsd weil:
des aff des wos waddsd
des wadd aff diich

## goudä freind

goudä freind und kubfäschdechä
worschdbabiä & scheißhauslecka
kniedläskubf & bfennifuchsä
gschafdlhubä & geldooluchsä
belferä & maulaufreißä
brodzlsubbm & husnscheißä
schbrichbeidl & werdshaushockä
rumzuuch & maadläsgoggerä
diddläsbadschä & schweinebroodn
nachdgiichä & oärschgranoodn
dreeckbär & schlaggälä
maulaff & gäggälä
bulfärä & barfedzlaafä
bubblfressä & dreeckväkaafä
beddbrunzä & schmiädiegl
doochdäib & lausniegl
ruudzleffl & schlaaferä
schleimscheißä & gaaferä
so edz langds mä aa
mach di aff di baa

## diägaddn

iich hou enn fruusch im hals
schmeddäling im bauch
hummeln im hindern
enn flouh im ohr
& enn vugl:

wenn deä ned weä
weä allers
halb su schlimm

## terminkalender

am sunndooch binni
viel zu fräih aufgwachd
am monndooch houi
mi beinooh välaufm
am diensdooch binni
in reeng kummä
am midwoch binni
dähamm bliem
am dunnersdooch is
nix in dä zeidung gschdandn
am freidooch houi mä
di hoä schneidn loun
am samsdooch woä
di wochn rum

## lufdschloss

nix schenners wäiä lufdschloss
des kosd di nix
des koosd iberoll hiibauä
dou brachsd ka baugenehmichung
dou brachsd ka geld aufnehmä
dou brachsdi ned mid dä
bauschboäkassä rumärchern
dou brachsd kann kaufvädrooch
dou moußd kann gredidd ooschdoddern
dou hasd kanne nachbann
wou dä dei aussichd väschandln
dou brachsd kanne maurä
kanne fließnleechä
kanne moolä
kanne elekdrikä
kanne möblbackä
dou moußd ned lang waddn
dou koosd sofodd eizäing
des is schlisslferdi
und wennsdä nimmä gfälld
lösdäs widdä in lufd auf

## nachtschwärmer

deä schwibs haid nachd
in meim dramm
woä viel schennä
wäi jedä rausch am dooch:
edz drinki blouß nu wassä
und wadd aff di nachd

## märchen

weä houd in meim bedd gschloufm?
weä is aff meim schduhl ghockd?
weä houd ass meim kaffeebechä drunkn?
weä houd mei zeidung glesn?
weä houd mei radio ausgmachd?
weä is ausm haus gangä?
weä houd di düä hindä sich zougschberrd?
iich

## frühling

weä rufd ausm wald?
weä singd?
weä danzd?
weä schbringd?
weä kummd bald?
wou issern?
wou bleibdern?
waaß dä guggugg
weä des waaß!

## drei kindergedichte

**I**

iich möchäd ämall ä kubfkissn saa
ä kubfkissn vullä weichä federn
dann könnädi inn ganzn dooch
im bedd lieng und schloufm
schloufm nix wäi schloufm

iich möchäd ämall ä kubfkissn saa
und wenni nimmä schloufm könnäd
schauädi aff di deckn nauf
und draimäd vuä miich hii

iich möchäd ämall ä kubfkissn saa
blouß draffleeng derfäd si kannä
sunsd könnädi ja ned schloufm
iich mäißäd scho ä kubfkissn
ohne kubf saa

**II**

iich bin ä glannä zwedschgämoo
an miä senn laudä zwedschgä droo
zum essn binni viel zu schood
iich bin ja ned ass schoggolood
schdelld mi wou noo
nou schaui eich oo

# III

iich möchäd ämall ä schduhl saa
ä schduhl mid vier baa
emm bredd zum draffhockn
ä rücknlehnä zum ausrouhä
und emm kisslä zum undäleeng

iich möchäd ämall ä schduhl saa
iich brauchäd immä laid
wou aff miä draffhockädn
nou könnädns vo miä aus
machn wos wolln: essn, lesn
ausm fensdä schauä
miä weä des egohl
sulangs hockn bleibädn
könnädn kamm wos dou

iich möchäd ämall ä schduhl saa
blouß aufschdäih derfädns ned
di laid wou aff miä hockädn
sunsd wäri mid mei vier baa
ja ganz allaa!

## das verschluckte gedicht

haid fräih houi ass väsäing
ä gedichd väschluckd
des houd goä ned wäihdou
erschd is mä ä zeidlang
im bauch rumgangä
und dann ismä aff amall
in kubf naufgschdieng:
iich hou nix dägeeng
dou koos vo miä aus bleim

## baradies

im siebdn himml
aff wolke siem
middi siem zwerch
siem zwedschgä essn

# II. midm falschn fouß

## alptraum eines stückeschreibers

haid nachd houi vo meine
doudn kolleeng drammd
dä brecht wolld mä ä
zigarrn oobiedn
nein danke
iich rauch ned
dä horvath wolld mä ä gläslä
barackpalinka eischenkn
nein danke
iich drink ned
dä sperr wolld in dä fräih
mid miä schweinebrodn essn
nein danke
den bringi ned nundä
dä bernhard wolld mä anns
vo seine heisä väkaufm
nein danke
iich hou scho anns
dä faßbinder wolld mid miä
ä weng ä kokain schnubfm
neine danke
iich koks ned
und zugoudäledzd
wolld dä dürenmatt miä
ä schdück dikdiän
wossä nu gern gschriem hädd
nein danke
iich schreib selbä
und dann binni aufgwacht
edz waaßi nimmä
wossi schreim wolld

## ödipus

iich hou mein vaddä däschloong
iich hou mid meinä muddä gschloufm
iich hou nix däfiä könnd
iich hou vo nix wos gwißd
iich hous ned glaum wolln
iich hous glaum mäin
iich houmä di aung ausgschdochn
iich bin auf und dävoo
iich bin gschdorm
iich leb weidä

wos weä eiä ganz deoodä
ohne miich?

## ausflibbm

mid di nervn am end
midm falschn fouß aufschdäih
middä düä ins haus falln
middä fausd affn diisch hauä
miderm eisernä besn kehrn
mid jedn affm griechsfuß schdäih
midm säbel rasseln
midm kubf durch di wänd
und jedesmall widdä
mid hängä und würgn
mid heilä haud dävookummä

## penelope

es werd zeid dassd hammkummsd
seid zwanzg joä waddi scho aff diich
wäisd wech bisd wohri nu ä maadlä
edz werri langsam ald und grau
wou dreibsdi denn blouß rum?
des haldi nimmä aus
däi männä dredn mä di diä ei
alle wollns mi heireddn
obbä iich will ned
di aanziche freid woui nu hou
des is mei bou mei telemach
und deä brauchd sein vaddä
däi männä gehm kann rouh
alle wollns mi heireddn
annä neschä wäi dä andä
alle wolln mid miä ins bedd
wennis vorn nauswerf
kummis hindn widdä rei
du bisd doud soongs
undägangä mid deim schiff
iich glaubs ned
iich waaß dassd lebbsd
wärsd hald aa
bei miä dähamm bliem
du wohrsd doch viel zu gscheid
fiä su enn dummä gräich

## abrechnung

alle wolln wos vo miä
iich bin ka offens bouch
in dem jedä lesn koo
alle wolln wos vo miä
iich bin ka audomood
wou mä oom wos neiwirfd
& undn kummd wos raus
alle wolln wos vo miä
iich bin ka dableddn
däi emm jedn helfn doud
alle wolln wos vo miä
iich bin ka abfallaamä
in dem si ä jedä
wennsn dreckäd gäihd
auskodzn koo
alle wolln wos vo miä
und wou bleib iich?

## ikarus

iä zäichd mi nundä
iich will nach oom
ganz weid nauf
& iä wolld
dassi bei eich
dou undn
am buudn bleib
& nimmä
vom buudn
& vo eich
wechkumm:
es is mei sach
wenni abschderz

## biometrischer blues

zeich mä dei händ
& iich waaß wos du machsd
zeich mä dei fäiß
& iich waaß wäi du gäihsd
zeich mä dein bauch
& iich waaß wos du issd
zeich mä dein hindern
& iich waaß wäi du sidzd
zeich mä dei aung
& iich waaß wos du sixd
zeich mä dei ohrn
& iich waaß wos du heersd
zeich mä dei nosn
& iich waaß wos du räichsd
zeich mä dein mund
& iich waaß wos du sachsd
zeich mä dei hoä
& iich waaß wos du willsd
zeich mä dei schdirn
& iich waaß wäi du denksd
zeich mä dein kubf
& iich waaß weä du bisd

## siechfried

wennsd im bloud
vo emm drachn baddsd
dassd unväwundboä wersd
moußd dou dämiid rechnä
dass vonerm bamm (es mou
ned unbedingd ä lindn saa)
ä bladd rundäfälld
des genau zwischä dei zwaa
schuldäblädd hängäbleibd:
mach wos dägeeng!

## schdäihbleim

schdäihbleim
allers blouß
ned schdäihbleim
weä schdäihbleibd
deä bleibd schdäih

deä wächsd oo
den zäichds nundä
deä schlächd wurzln
deä väsinkd im buudn
den bringd nix meä wech
deä kummd ned vom fleck
deä kummd nimmä in di gäng
deä mou fiä immä schdäihbleim
sei lehm lang blouß nu schdäihbleim

schdäihbleim
allers blouß
ned schdäihbleim
weä schdäihbleibd
deä bleibd schdäih

## voll debb

*nach einem rocksong*

iich bin dodool ausgrasd
iich hou mei alde zum deifl gjoochd
iich hous nimmä säing könnä
iich houmä nix däbei denkd
iich woä am oärsch
iich hou blouß nu scheiße im hirn ghabd
iich woä voll am durchdräihä
iich hou kann klorn gedankn meä fassn könnä
iich wolld midm kubf durch di wänd
iich hou blouß nu schwazz gsäing
iich woä ä voll debb
iich woä blind
iich will widdä säing
iich will wos schbüän
iich will wos fühln
iich will glückli saa
iich will lachn
iich will lehm:
iich hoff dass ned scho
zu schbäd is

## reparatur

bläid gschaud
nix worrn
arch gärchäd
ganz väsaud
hii gmachd
wech gworfm
umsunsd blouchd
dumm gloffm
nummall brobiäd
angsd ghabd
ned aufgehm
gscheid oogschdrengd
fesd gerrberrd
nimmä aufghörd
weidä gmachd
echd gschwidzd
goud gangä
ferdi brachd
schäi worrn
zfriedn gween
geld gräichd
gscheid gfreid
houd bassd

## lehm und lehm loun

iich hou enn freind
deä red di ganz zeid
vom schderm
iich red viel läibä
vom lehm
schderm doud mä
vo ganz allaans
ob mä edz
dribä red
oddä ned
& es lehm
gäihd weidä

## perpetuum mobile

alle dooch wos anders
alle dooch esselbe
aa dooch nachm andern
aa dooch wäi dä andä
alle dooch wos:
anders werd des nie

## vobei

vobei an alde frauen däi iä
gehhilf vuä sich heäschäim
als weä des des aanziche
wos ibri bliem is vo iäm lehm
vobei an sonnenschdudios
schbielhalln und ein-euro-lädn
vobei an männä däi am bflasdä
knieä und mid gfaldede händ
beddeln und bedn obbä es geld
lichd ned aff dä schdraß
vobei an gmäisschdänd
backbuden und dönäimbiß
vobei an flaschnsammlä däi
dooch fiä dooch iä rundn dräihä
vo amm babiäkorb zum andern
vobei an lächelndn
schaufensdäbubbm
vobei an zeidungskäsdn
vullä debressioonä
vobei vobei

## zu viel

iich waaß ned
wossi will
iich will su viel

wos willi edz
wos willi nou
wos willi haid
wos willi morng
woss willi dou
wos willi dodd

iich waaß ned
wossi will
iich will su viel

wos willi edz
wos willi nou
wos willi haid
wos willi morng
woss willi dou
wos willi dodd
wos willi ned
wos willi doch

iich waaß ned
wossi will
iich will su viel

iich waaß ned
wossi will
iich will und will
iich will zu viel

## ganz anders

miä is haid ganz anders
ganz anders
wäis mä gesdern woä

warum is miä
haid anders?
su ganz anders
wäis mä
gesdern woä
is miä vielleichd
haid anders
su ganz anders
weili gesdern
anders
ä andrä
ä ganz ä
andrä woä?
weä woä i denn
blouß gesdern
weä bin i denn
blouß haid?

miä is haid ganz anders
ganz anders
wäis mä gesdern woä

## bewältigung

miä wissn nix
miä hamm nix gwißd
miä wolldn nix wissn

miä wolln blouß unsä rouh
miä hamm immä unsä rouh ghabd
miä wolldn immä scho in rouh gloun werrn

miä senn su wäimä senn
miä woän scho immä su
miä wolln aa immä su saa

## miä & däi

miä senn su wäimä senn
und däi wou ned su senn
des senn di andern
däi wolln ned su saa
däi machn allers anders
däi säing allers anders
däi wolln anders saa
däi gehm si anders
däi redn anders
däi dickn anders
däi lehm anders
däi kennä nix anders
däi kennä blouß sich
däi schämä si ned ämall
dass anders senn:
däi gehm kann rouh
bis miä aa su senn
wäi sie

## drehorgel

weä ned aufschdäih will mou liengbleim
weä ned essn will mou hungern
weä ned laafm will mou schdäihbleim
weä ned lachn will mou greinä
weä ned hörn will mou fühln
weä ned hiischauä will mou wechschauä
weä ned redn will mou schweing
weä ned lehm will mou schderm

weä ned liengbleim will mou aufschdäih
weä ned hungern will mou essn
weä ned schdäihbleim will mou laafm
weä ned greinä will mou lachn
weä ned fühln will mou hörn
weä ned wechschauä will mou hiischauä
weä ned schweing will mou redn
weä ned schderm will mou lehm

# III. budzlkäih

## mei oma

mei oma houd
zum himml naufgschaud
und scho houds gwißd
wäi es weedä werd

mei oma houd
ä wengä erdn
zwischä di fingä zerriem
und scho houds gwißd
ob aff dem buudn wos wächsd

mei oma is
mid di hennä ins bedd
und midm erschdn schrei
vom goggl widdä raus
weils gwißd houd
dass amm im lebm
nix gschenkd werd

mei oma houd
fiä und gechä allers
wos gwißd
und wenns ämall
nix meä gwißd houd
houds immä nu gwißd
dass mä des wos
ned oobundn is
foän loun mou

**lehmslauf**

wennsd aff di weld kummsd
gräichsd vuä deim geburds-
daddum ä schdernlä
wennsd schdirbsd ä kreizlä:
wos willsdn meä?

## anamnese

die myopie
vom obba vädälichäseids
die adipositas
vo dä oma vädälichäseids
die hypertonie
vom obba müddälichäseids
den astigmatismus
vo dä oma müddälichäseids
die vägrößäde prostata
vom babba
& ab & zu
migräne
vo dä mamma

## gloggnlaidn

wenn di gloggn gliidn hamm
wenns ned laidn häddn solln
hammä gwissd:
»dou is anns gschdorm«
und nou hammä ka rouh gehm
bis mä gwißd hamm weä

## aberglaum

wenn dä kuckuck schreid
houd mei oma gsachd
moußd dein geldbeidl schiddln
nou werdä nie meä leer

des houi gmachd
obbä gholfn houds nix

## in wald

all driidd semmä in wald
fodd blouß in wald
midderm laddäwoong zum hulz hulln
miderä kroochlschdangä hamms
di naggeddn kroochälä
vo di bamm rundäghaud
dou dämiid is dä uufm
im windä oogschiäd worn
im summä semmä
zum schwazzbeä reißn
und mid milchkannä vullä
schwazzbeä widdä hamm
di ann senn eigmachd worrn
und di ibrichbliemä senn
affern koung kummä
wenn nachm gwiddä dä wald
vuä laudä feichdn dambfd houd
semmä in di bfiffä gangä
mid dä zeid hammä di eckn kennd
wou si däi kerl väschdeckd hamm
und manchmall binni aa ganz
allaans in wald gfoän
budzlkäih hulln
fiä jedn sack vull
woui aff meim foärood
hammbrachd hou
houds ä fuchzgälä gehm
all driidd semmä in wald
fodd blouß in wald
immä widdä in wald
des woä errberrd
ka vägnäing

## zwedschgä

am zwedschgäbaimlä
im gaddn vo meinä omä
senn jeeds joä ä boä
zwedschgä drooghängd
obbä su houch oom
dassi ned naufkummä bin
däi wou roogfalln senn
woän alle wurmi

## mei erschde zigareddn

mei erschde zigareddn houi
midm siechfried grauchd
deä woä scho ä weng aldä
seim onkl dem aldän saifä
houdä ä boä kibbm oogluchsd
miä senn zum booch nundä
hamm uns dass uns kannä
bamm raung däwischd
undä dä brückn väschdeckd
und dann semmä widdä hamm
mei freind houd groos gfressn
dass sei muddä nix merkd
dou dävoo houdä
di scheißerei gräichd
und iich houmi gschbeid
miä woäs schlechd
mei zweide zigareddn houi
midm franz grauchd
miä senn exdra
affern bamm naufgrabbld
kannä houd uns gsäing:
edz woämä endli aa su
richdiche zigareddnberschlä
wäi däi groußn!

## demmä raffm

**1**

des koosd ja brobiän:
wennsd ä kuddälä
aus deinä groußn zäihä
raufzäichsd
und mi ooschbodzd
gräichsd vo miä
ä suä oäschkniidlä
dassd nimmä waßd
obsd männlein oddä
weiblein bisd
du drausdi wos:
nou hasd ausgschbodzd

**2**

raffm willsd?
ibäleechdäs zwaamall
weil: aus meim
schwidzkasdn
kummd su schnell
kannä meä raus!

**3**

weä als erschdä
affm buudn lichd
houd väluän
zwiggn kradzn
schöbbeln beißn
gild ned

**4**

du grischbälä
schau dassd väschwindsd
diich loui doch an meim
ausgschdreckdn arm
vähungän!

**5**

middä goschn
immä vorndroo
wadd nä berschlä
diä werri inn schneid
scho nu ookaafm!

**6**

iich haudi ungschbidzd in buudn
nei

iich haudi indi waffl
nei

iich haudä anna ins xichd
nei

iich haudä anna affm kubf
nauf

nou waßd nimmä
woudä dei
kubf schdäihd

**7**

du hundsgrübbl
dou dei xichd nei
haid is affnjachd
dou dei xichd nei
oddä iich haudä annä
dassd maansd
ä bär houdi gradzd

**8**

enn dreeck
kannsd

annä affs auch
kannsd

nix kannsd!

**9**

hobb
gäih heä
und
hull dä
ä schelln
oo
däi doud
dä
kannä meä
roo!

## schnäi

im schnäi rumkugln
schnäibolln werfm
enn schnäimoo bauä
mid schnäi eireim
schnäi fressn:
halmi däfriän
in windä schbüän

## zwedschgäschnabs

jeedsmall wenni mid
aufgschürfde knäi
hammkummä bin:
»mama, iich hou ä bäis!«
houd mei muddä
»beiß dei zäh zamm!«
aff di wundn ä boä drobfm
zwedschgäschnabs draff
»ouälou!«
houd des brennd


## kino

nach jedm western
cowboyledz gschbield
mid schdeggälä als revolvä
»bäng, bäng, du bisd doud!«
wehe weä dou
ned umgfalln is

## in dir lebt das kind das du warst

bamm aussordiän is mä haid
ä bouch in di händ gfalln:
»*in dir lebt das kind das du warst*«
iich hou des bouch sofodd
aus dä händ glechd
und in miä drin nouch dem
kind gsouchd dessi mall woä
iich hou gsouchd und gsouchd
obbä des kind dessi ämall woä
houd blouß nu väschdeckäläs
mid miä gschbield

jeedsmall wennis fasd
scho däwischd hou
is mä widdä durch:
edz waaßi wenichsdens
dass nu dou is

## warme soggn

mei muddä houd
jeeds joä am geburdsdooch
jedn ä boä selbägschdrickde
wollne soggn gschenkd:

als kummäd mä
mid warme fäiß
leichdä durchs lehm

# IV. marmälood

## psalm

es reengd aus alle wolkn
und di amseln singä
es reengd es reengd
es reengd aus alle wolkn
und di amseln singä
singä singä
es reengd es reengd
aus alle amseln
und di wolkn singä
singä singä

## dämmrung

ka aanzichä krouhä
wou senn di krouhä?
di krouhä wou si jedn ohmd
aff dem bamm väsammln
und mid groußn lärmä
wenns finsdä werd
widdä wechfläing
wou senn däi wou?
leer dä bamm:
bald is nachd

## ned ferchdn

du ferchsdi?
vuä wos ferchdsdn du di?
du brauchsdi doch
vuä nix zu ferchdn
ferchd i mi?
iich ferchd mi ned
vuä wos solli mi
aa ferchdn?
es gibd nix
vuä wossi mi
ferchdn mäißäd
obbä du ferchsdi ja
sugoä vuä deim
eichnä schaddn

## ehepaar

am sunndoochfräih
wenn nu ka audo fährd
dschoggns all zwaa
durch di leern schdraßn
middn aff dä foäbohn
eä ä weng vuäraus
sie ä weng hindnnouch:
wenns schdäihbleim
und väschnaufm
hörns di gloggn laidn

## istanbul

dä blick aff di blaue moschee
säißä dee und biddere olivn
ä himml vullä mövn
di anglä aff dä galatabrüggn
di fisch däi nie oobeißn
dä ölfilm im goldnä horn
laudschbrechä mid rückkobblung
wou zum gebet rufn
des gwühl in di schdrassn
säißä dee und biddere olivn
säiß und bidder: istanbul

## berlin

ä schdadd zum välaufm
gäih einfach weidä
sulang di fäiß
nu miidmachn
irchndwou wersd
scho rauskummä
scheiß aff di blousn
scheiß affn schdaddbloon
laaf!

## affm vesuv

*italienische reise 1969*

ä durisdin wou mid iäm
idalienischn berchführä
zum krater nundäschaud
fängd aff amall zum singä oo
la paloma aff daidsch
rauch schdeichd auf

## liebe 1

vo miä aus koosd
bleim oddä gäih
miä is des worschd
mach wosd willsd
wennsd waßd
wosd willsd

## liebe 2

du sachsd
iich soll inn fehlä
bei miä soung
wos is
wennin ned find
hilfsd mä dann soung?

## liebe 3

es is ned goud
wenn dä mensch allaans is
waßd weä des sachd?
gott
& dou sachsd du:
du willsd allaans saa?

## liebe 4

wenni wissäd
wosd du waßd
wissädi meä

## ohne dich

ohne diich
binni ä aamälä ohne marmälood
ohne diich
binni ä fässlä ohne salz
ohne diich
binni ä lebäkniidlä ohne subbm
ohne diich
binnä ä käskoung ohne käs
ohne diich
binni ä wecklä ohne worschd
ohne diich
binni ä schdambälä ohne schnabs
ohne diich
binni ä grooshubfä ohne groos
ohne diich
binni ä schneggn ohne heislä
ohne diich
binni ä vöchälä ohne fliichl

ohne diich
binni ä uufm ohne kulln
ohne diich
binni ä hemmäd ohne groong
ohne diich
binni ä schouh ohne sulln
ohne diich
binni ä husn ohne baa
ohne diich
binni ä lari ohne fari
ohne diich
binni ä remmi ohne demmi
ohne diich
binni ä sabbä ohne lodd
ohne diich
binni ä heinä ohne hirn
ohne diich
binni blouß nu iich

## haid

haid is suä schäinä dooch
dou werd mä ganz ibämäidi
dou möchäd mä am läibsdn
ä bäcklä seifnbulvä
in enn schbringbrunnä kibbm

haid is suä schäinä dooch
dou juckds ann in di fingä
dou möchädi am läibsdn
im vobeigäih an dem maadlä
iäm bferdeschwanz zäing
& schnell wechrennä

haid is suä schäinä dooch
dou schdichd ann dä hafer
dou möchäd mä am läibsdn
mid emm dreirädlä
durchn subbämarkd radeln
& gelbäroum vädeiln

## vollmond-boogie

di dächä schbinnä
di schläid schbinnä
di fensdä schbinnä
di diän schbinnä
di heisä schbinnä
di schdaa schbinnä
di hund schbinnä
di baim schbinnä
di audo schbinnä
di schdraßn schbinnä
di gullideggl schbinnä
di laid schbinnä
iich schbinn
gäih zou:
schbinn hald aa

## iich und du

du bisd drin
und iich bin draußn
wenn du draußn bisd
bin iich drin
du moußd drin bleim
dass iich draußn bleim kann
iich koo ned draußn bleim
wenn du ned drin bleibsd
bleib drin
kumm joo ned raus
kabiäd?

## du bisd iich

*nach dem mittelhochdeutschen*

du bisd iich
& iich bin du
suviel is gwiiß
du hasdi
in mei herz nei
gschberrd
& es schlüssälä
väschlambäd:
edz moußd
fiä immä
drin bleim

## bleib dou

iich gäih edz hamm
iich gäih fei edz hamm
kummsd du miid
kummsd du ned miid
iich bleib ned dou
iich bleib fei ned dou

du bleibsd
du bleibsd dou
iich gäih hamm
und du bleibsd dou
naa
wenn du dou bleibsd
bleibi aa dou

wos
du gäihsd
wenni bleib
und du bleibsd
wenni gäih?
ach gäih
louß bleim
gäih hald aa:
bleib bei miä

## dinosaurier

däi ganzn ausdrück
wou kannä meä kennnd:
wenn dä schnäi gschmolzn
es wassä vo di dächä drobfd is
und in di doochrinnä
nimmä zum rauschn aufghörd houd
hamms gsachd: »es leind«
jeeds joä wenns daud
moui doudroo denkn

und wenns ämall houch heägangä is
wenn alle laid aff amall
durchänandä blauderd hamm
dass mä in dem lärmä
sei eings wodd
nimmä väschdandn houd
hamms gsachd: »wos isn
des fiärä gmorridiiri«
des houd allers gsachd

und erschd däi ganzn wöddä:
ä maadlä des wou greind
woä ä »greimeichälä«
ä geizgroong woä ä »noudniegl«
ä alds weiblä woä ä »oofälä«
ä bröckälä schokälood
woä ä »moongdredzälä«
dä lehm woä ä »laamä«
dä madsch woä ä »läbberi«
wenn miä kindä dou dämiid
rumbanschd hamm
woämä »dreeckbadzä«

wos isn scho ä »kohlrabi«
gechä enn »kolläroom«?
ä kadoffl gechä enn »ebbiän«?
ä feldsalood gechä »rowinzälä«?
ä karoddn gechä ä »gelläroum«

di kleddn wou mä di maadlä
nouchgworfm hamm
dass an iäm hoä »bichn« bleim
woän di »boumersleis«
kannä lässd si haid meä »dredzn«
blouß nu »väoäschn«
jedä »schimpfd« kannä »schend«
und »nouch dä sunnä
fräiärds aa kann mäiä«

däi ganzn ausdrück
und wöddä »ibäränandä«
woui »meileddä« nimmä
aus meim kubf rausbring:
mid miä schderms aus

## schnelldurchlauf

»*All girls should have a poem*«
*Richard Brautigan*

su schnell schausd du goä ned
wäi iich miä ä bladd babiä hull
su schnell schausd du goä ned
wäi iich miä enn kulli schnabb
su schnell schausd du goä ned
wäi iich des babiä vullschreib
su schnell schausd du goä ned
wäi iich des babiä vullgschriem hou
su schnell schausd du goä ned
wäi schnell aff dem babiä
aff dem nix draff woä
aff amall wos draff is
su schnell schausd du goä ned:
wäi iich ganz allaans fiä diich
ä gedichd schreib

# V. kubfwäih

## stresstest

midm kubf durch di wänd:
wenn di wänd hii is
is dä kubf schuld

## the medium is the message

ich bin di bodschafd
sachd dei handy
& weä bisd du?

## verfallsdatum

wenni wissäd
wenni ablaafäd
laafädi dävoo

## public viewing

ganz daidschland
houd ä fohnä

## regierungserkärung

iich will eich anns soong:
iich hou nix zu soong
edz is gsachd!

## abstimmung

»miä mäin alle«, sachd
dä baddeivorsidzende
zu seine baddeifreind,
»mid annä schdimm
schbrechn. schdimmd
jemand dägeeng?«

## finanzkrise

irrn is menschlich
geld schdinkd ned
dä deifl scheißd
affn gräißdn haffm
und inn ledzdn
beißn di hund


## ausverkauf

ab sofodd im oongebood:
iich
di firma dankd


## vorsicht kamera

mid ibäwachung is
ka schdood zu machen


## sprechblase

di laid soong viel
wenn dä dooch lang is:
iich wadd aff di nachd

## kanonenfutter

dä verdeidichungsminisdä sachd
eä schdäihd hindä unsre solldoodn
di solldoodn soong nix
däi schdennä voä ihm


## politbarometer

iich hou di nach deiner meinung gfrouchd
eingli sollersd frouh saa
dass mä di nach deiner meinung frouchd:
dei meinung zähld nämli ned!


## holzwech

voweeng
alle wech führn
nach rom


## selbstporträt

ä bäidälä aff alle subbm
des wäri gern
obbä auslöffln naa!

## notausgang

iich glaub iich bin
im falschn film
wäi kummi dou
blouß widdä raus?

## kubfwäih

mei gedankn senn
mid miä durchgängä
wou si däi blouß
widdä rumdreim?
mei kubf schdäihd kubf

## beizeidn

zeid loun
dä zeid
nouchlaufm
bringd nix:
däi läffdä
dävoo
zeid loun
beizeidn
zeid loun
und du bisd
middä zeid
deinä zeid
vuäraus

# VI. nebel, väzäich di
## neue haikus

*du mid deine haiku*
*dou hasd nix in dä händ:*
*ehm drum!*

sebdembänachd:
dä vollmond hängd als
lambion im birnbamm

♪

»baradiesweech gschberrd!«
schdäihd grouß oogschriem
edz schdennä mä dou!

♪

ach däi roudn bläddä!
amall machn säsi nu schäi
und dann fallns

♪

däi bläddä im herbsd:
abfall fiä di ann
boesie fiä miich

♪

ä junikäfälä affm fensdäbreddlä
du bisd obbä schbeed droo:
dä summä is vobei

♪

vuä dä düä rauschd dä reeng
vuä dä düä gäihd ä wind
iich mach di düä zou

ɕ♥

ä schwazzä nachdfaldä
am hellichdn dooch
scho fladdädä dävoo

ɕ♥

nebel, väzäich di:
di sunnä lässd si
ned väoäschn

ɕ♥

ä himml wäi aus blei:
haid kanni ned ämall meä
di wolkn nouchschauä

ɕ♥

iich gäih jedn dooch in dä fräih
ans fensdä und schau
ob di weld nu dou is

ɕ♥

mei frau is wech
mei handy is hii:
wos fiä albdraum!

༄

gechern schdrom schwimmä?
freind, dräih um:
su kummsd nie zum meer

༄

im dramm haid nachd
ä dikdood gschriem:
aufgwachd bei »frikassee«

༄

deä erschde kalde dooch
huschälaa! afferm blakood
essns schdeggäläseis

༄

zimd aff di apflschnidz
aung zou bamm essn
dann bisd in griechenland

༄

dä erschde schnäi!
ä maadlä schdreckd iä zungä raus
fängd schnäifloggn

ɔ♥

frischä schnäi und ä amsl
wou drin rumhubfd: meä
brachds ned fiä ä schnäi-haiku

ɔ♥

im gräißdn schnäidreim
jemand oorufen:
horch, di schnäifloggn!

ɔ♥

fräihä binni affm eis ghädschld
wos woä des fiärä gaudi
haid hauds mi hii

ɔ♥

suä käld sachd di breznfrau
dou kennsd di laid ned
alle senn dick eibaggd

ɔ♥

midm ICE durchn schnäi
des doud wäih
wäi deä in dä sunnä funkld

꒹

wos für ä nachd
iich koo hiigäih woui hiiwill
dä vollmond väfolchd mi

꒹

grisdbaim afferm haffm
hii und dou glidzäd
ä bidzälä lamedda

꒹

däi könnä nu suviel rakeedn
in himml naufjoong: gechern
vollmond kummd kannä oo

꒹

däi krouhä
vom aldn joä
schreiä aa im neiä

꒹

vieräzwanzg minuddn sunnä
in annäzwanzg dooch:
januar, schieß in wind!

ﶴ

sixd di mondsichl
am hellichdn dooch?
dou lichd wos in dä lufd!

ﶴ

es hilfd nix
iich koo machn wossi will
iich kumm assm schdaunä nimmä raus

ﶴ

hobb, lichd, laichd!
ohne mein schaddn
gäihi ned assm haus

ﶴ

voweeng göddäbode!
bakeeddiensdzuschdellä
o hermes, wos is ass diä worrn?

ﶴ

mei haiku is wech
weä houd des in di blaue donne nei?
däi hamms grood gleerd

ᴤ♥

na, masdä, sachdä busfohrä
zu miä bamm eischdeing
braungs widdä ä boä schbrüch?

ᴤ♥

dem lehm bamm lehm
zouschauä:
wenn des ka lehm is!

ᴤ♥

wenns draff ookummd
danzi ass dä reihä:
it's only rock 'n' roll

ᴤ♥

ass väsäing schdadds ann
zwaa hausschlissl eigschdeggd:
werri edz ald?

ᴤ♥

dä väschdeinäde ammonit
in meinä händ: wos senn scho
mei boä jeälä gechä den?

🙟

keine angsd, schaddn!
iich bring di scho hamm:
miä hamm vollmond

🙟

es achhörnlä wedzd
umäsundsd ummern barkbladz:
ka bamm weid und braad

🙟

hobb, raus assm bedd
reiß alle fensdä auf:
di amseln singä widdä

🙟

kannä will wos vo miä
iich will aa vo kamm wos:
dä friihling is dou!

🙟

weid wech vo di andern
schwebd des wölklä am himml:
ä einzelgängeri

❦

wenn di gänseblümmlä bläihä
inn roosn mäihä –
schbinnsd du?

❦

dä abflbamm in vullä bläih
wenn dä wind gäihd
schnaids bliednbläddlä

❦

dä alde weihä – ä fruusch
machd enn bladschä
bassd scho bashó

❦

lou allers lieng
und schdäih:
di kerschn bläihä

❦

ä schniddmusdäboong
vullä kondenzschdreifn
schood ummern blauä himml

🕊

gelbä rabs, gräine wiesn
und blauä himml:
wos fiärä bild! iich mools

🕊

di sunnä machd ass di
hängäblieme reengdrobfm
glidzäglanne glidzäschdaa

🕊

ka nachdigall meä dou
däi senn im internet
aa mausklick und si singd

🕊

di fäiß in dä sunnä
dä kubf im schaddn:
dä summä koo kummä

🕊

in dä fräih singä di amsln
am ohmd schreiä di krouhä
wou bleim di schboodzn?

🕊

*nachdichtung eines haikus von tomas tranströmer*

ä schwazzweißä hadzl
hubfd kreizäqueä ibern ackä:
suwos eingsinnichs!

🕊

im sebdembä undä enn
zwedschgäbamm schdelln
waddn bis zwedschgä reengd

🕊

widdä ä joä rum:
aff meim handrückn
senn neie aldersfleckn

🕊

höri auf zum schnarng
wenni dramm oddä
drammi wenni schnarch?

🕊

scheiß dibbfehlädeifl:
immä wenns schnell gäih soll
bleckdä sei zungä!

୨❦

globabiä mid herzälä
des hädds fei ned brauchd:
des gäihd mä am oärsch vobei

୨❦

kubf, geb ä rouh:
haid laafi doddhii
woumi di baa hiidroong

୨❦

wenni vom schreim aufschau
siichi vuä meim fensdä
ä schdückälä himml

୨❦

dä wind bläddäd
di seidn vo meim bouch um
hald: iich wills nu lesn!

୨❦

vuäm lokool akropolis knäid
dä atlas di weldkugl affm buckl:
däi armä armä griechn!

꒰꒱

haid fräih binni annerä
äldern frau vobeikummä
däi houd enn bamm umarmd

꒰꒱

däi oomessn wou ä ganz
allaans ibern diisch grabbld
wossi däi wuhl denkd?

꒰꒱

houdä enn badschä oddä wos:
dä mond hubfd haid nachd
vo annä wolkn zudä andern

꒰꒱

mei muddä houd jeeds joä
assm summä ä marmälood
fiän windä gmachd

## summer-of-68-haiku

neizeähunndäachdäsechzg
mid flibbflobbs durch london
mei fäiß woän kullroomschwazz


## das rolf-dieter-brinkmann-köln-haiku

hohe straße köln:
1 schdrassnmussigä singd
fiä 3 schaufensdäbubbm


## das-david-hockney-haiku

ä blau ooschdrichns bood
wassä glidzäd in dä sunnä
zu schood zum neihubfm


## haiku nach bashó

schmeddäling, sei frouh:
wennsd singä könnäsd
kummäsd in käfig

### das fränkische-schweiz-haiku

manchmall werrn
aus felsn wolkn
und dä himml schaud zou

### gegen-haiku

ach däi erbsnzählä
schäi broov zählns ihre silbm
is des greadief?

### das-fundamentalisten-haiku

warum könnä däi
in godds noomä ned endli
di kerch im dorf loun?

### das-katastrophen-haiku

wenn mä ämall
aff nix meä zähln könnä
mäimä mid allerm rechnä

## berlin-haikus

**I**

dä tiergarten im nebel
deä graue schdrich dodd
is di siechessäule

**II**

dodd wou di mauä woä
middn am potsdamer platz
wolld mi ä webs schdechn

**III**

affm brecht seim groob
affm dorotheenstädter friedhof
bläihä di goddesaung

**IV**

schambanjä am kudamm
an dä schdraß hockn und glodzn
es straßentheater is gratis

**V**

zwaa schwazze schwän
undä dä s-bohn-brückn
affm schwazzn wassä dä spree

**VI**

meine arm jevatta beenekens!
wenni durch berlin laaf
läffd mei vaddä nebä miä heä

**VII**

affrä banoonäschooln
dä aanzichn in ganz berlin
ausgrudschd: des woä's!

## sizilien-haikus

**I**

däi muggn im fliichä
vo nämberch nach catania:
wäi find däi widdä zruck?

**II**

ibäroll reisegrubbm
andächdich lauschns iäm reiseleidä
um allers widdä zu vergessn

**III**

des rauschn vo di welln
in meim schlouf di ganze nachd:
es meer schnaufd aa

**IV**

di aldn männä aff dä piazza
ä brunnä dröbfld vuä sich hii
deä werd aa däi nu ibälehm

**V**

anns is gwiiß: affm wech
vo scilla nach charybdis is dä
odysseus dou vobeikummä

**VI**

ledzdä urlaubsdooch
bamm koffäbackn riesld
dä sand ass di schouh

**VII**

korz vuäm abfluuch nu ä
blick affn ätna im dunsd:
is des rauch oddä ä wolkn?

## mittelmeer-haikus

**I**

erschdä dooch am schdrand
ka lusd affä bouch
es meer is meä

**II**

vuä miä rauschn di welln
hindä miä zirbm di zikadn
wos fiärä musik!

**III**

wolkn iberm gräinä meer
wou di sunnä durchschbidzd
glidzern di welln

# Nachwort

# Laudatio auf Fitzgerald Kusz

zur Verleihung des Platen-Preises
in Ansbach am 8. November 2011

Als Franke in Franken jemanden wie Fitzgerald Kusz beschreiben zu wollen, das bedeutet Bratwürste nach Nürnberg tragen, oder Krautsköpfe nach Merkendorf, oder Spiegelkarpfen in den »Aaschgrund«. Aber ich freue mich sehr, hier in diesem feierlichen Rahmen, vor diesem illustren Publikum, als Dialektkollege Fitzgerald Kusz beschreiben und loben zu dürfen.

Warum? Als ich Schüler war in Neustadt an der Aisch, da gab es in meiner Schulzeit eine einzige Autorenlesung. Unser Deutsch-Leistungskurs-Lehrer, der als Flüchtlingskind in Schlesien geboren war und keinerlei Akzent oder gar Mundart sprach, hatte einen fränkischen Dialektdichter eingeladen, eben Fitzgerald Kusz, dessen Texte wir vorher mit Schmunzeln und Lachen im Unterricht unserem Lehrer »audendisch« vorgelesen hatten.

Einer dieser Texte hieß *aggression* und brachte die versteckte, aufgestaute Gewaltsamkeit im Alltag akkurat auf den Punkt:

*wenni mi ooschdelln mou*
*waddi direggd draff*
*dassi anner vuurdrängd*

Damals bei dieser für mich fürwahr einmaligen Lesung von Fitzgerald Kusz ist mir zum ersten Mal klar geworden, dass man meine Muttersprache nicht nur zuhause reden, sondern auch schreiben und vortragen konnte. Ja, mehr noch, dass die Sprache so schwarz auf weiß auf dem Papier eine merkwürdige, reizvolle Fremdheit ausstrahlte, die beim Lesen und Hören im Nu umschlug in eine herzerwärmende, augenöffnende Vertrautheit. Eine Heimeligkeit, die aber auch unheimlich frech, pfiffig, widerborstig und entlarvend sein konnte. Also eigentlich ja auch wieder das Gegenteil von Heimeligkeit. Eine – heute würde man sagen: spannende – Mischung aus Nestwärme und Kaltschnäuzigkeit, Aufmüpfigkeit und zugleich gefühlte Zugehörigkeit.

Eines dieser Gedichte damals hieß *nämberchä glaumsbekenndnis* – es hat von seiner Aktualität überhaupt nichts verloren:

*mä mou blouß*
*ann glubb glaum*
*wemmä ann glubb glabbd*
*nou glabbds*

*und wer ned*
*ann glubb glabbd*
*den haui sulang rum*
*bissä seine gnochn einzeln*
*vom buudn zammglaum koo*

*dann glabbdä aa*
*ann glubb!*

Solche Texte haben uns damals einen Eindruck davon vermittelt, was »gescheite« Dialektliteratur heutzutage sein kann: eine geballte Mischung aus Mund und Ohr, Zunge und Zwerchfell, Bauch und Kopf, Kuhhaut und Kerbholz, Spracharbeit und Volksnähe.

So entsteht als Wirkung die geballte Mischung aus Herzwärme und Gedankenblitz, Alltagsnähe und geflügelten »Soocherern«, die die Dichtung und die Dramen von Fitzgerald Kusz kennzeichnet.

Das Wort Mischung scheint mir hier das Entscheidende zu sein. Alles Reinrassige ist ja nur eine Erfindung, eine Künstlichkeit, bloße Einbildung. Den »echten Ur-Franken« gibt es ja gar nicht. Es gibt nur vermischte Franken, in einer Region, die immer Drehscheibe und Durchzugsgebiet gewesen ist. Der heutige Franke ist das Ergebnis von gewaltsamen Eroberungen, notgedrungenen Migrationen, blutigen Vertreibungen, von Wirtschaftsasyl und hartnäckiger Sesshaftigkeit. Was der Franke »in Reinkultur« sozusagen verkörpert, das ist eine gute Mischung, ein Mischprodukt.

Fitzgerald Kusz kann dafür als ein beredtes Exemplar gelten. Allein schon der Name von Fitzgerald Kusz zeigt das auf wundervolle Weise. Der Vorname Fitzgerald ist nicht sein ursprünglicher Vorname, sondern ein Spitzname, den seine Freunde aus Amerika entlehnten, nämlich von John F. (nämlich Fitzgerald) Kennedy, weil Kusz als Jugendlicher eine gewisse Ähnlichkeit mit dem populären US-Präsidenten aufgewiesen haben soll.

Fitzgerald Kusz könnte heute also theoretisch auch John Kusz oder Kennedy Kusz heißen.

Aber Fitzgerald passt wie die Faust aufs Auge, denn es unterstreicht seine lebenslange Begeisterung für das Englischsprachige, für Dichter wie William Carlos Williams etwa, die Populärkultur der Rockmusik, für die Beat-Poeten und Pop-Art-Künstler. Nicht von ungefähr ist Fitzgerald Kusz gelernter Englischlehrer gewesen.

Es zeigt auch seine kritische Distanz zu Herkunft und Heimat: Fitzgerald Kusz ist ein Mensch und Autor, der nie das Fränkische als solches gefeiert und verherrlicht hat. Ihm ging es in erster Linie um die Sprache. Nicht umsonst war er ja auch einmal Deutschlehrer.

In seinem Gedicht *dia-leckdigg* bringt er es treffend auf folgenden Nenner:

*ohne meinä muddä iä schbrouch*
*kammi meim vaddä sei land*
*kreizweis*

Erst aus der Distanz zum Herkömmlichen und Bestehenden erwächst die Genauigkeit der Beobachtung. So wie in diesem herrlichen Kusz-Dreizeiler, der das fränkische Selbstbild mit frappierender Selbsterkenntnis einfängt:

*am sunndoochfräih wenn nu ka auto fährd*
*vuä dä roudn ambl schdäih und waddn:*
*des senn miä!*

Kreative Mischung und kritische Distanz, das illustriert auch sein Familienname Kusz.

Ein Name, den er vom Vater erhielt, und der war ein Berliner Opernsänger, der Großvater Pianist, der Urgroßvater Geiger. Der kam – wie der Name – aus Ungarn (übrigens so wie auch bei Albrecht Dürer). Also: Ungarn, Berlin, Amerika, Forth.

In Forth ist Fitzgerald Kusz aufgewachsen, so halbwegs zwischen Nürnberg und Erlangen, am Rand der fränkischen Schweiz, in der Nähe von Mausgesees und Kleingeschaidt. Sein fränkischer Großvater war Schreiner, die Oma Nebenerwerbsbäuerin, die den Spargelanbau nach Forth brachte.

Was soll aus so einer bodenständig-beschwingten Mischung aus Musik, Bauernhof und Handwerk, aus Ungarn und Forth, anderes entstehen als ein fränkischer Dialektpoet, für den die Mundart ein urtümliches Gewächs und sinnfällige Musik geworden ist?

Von Forth aber ist Fitzgerald Kusz fort, um sein Fortkommen zu finden. Fränkische Künstler müssen ja bekanntlich fort, um weiterzukommen. Von Forth ist er nach England gegangen, dann vom Dorf in die Stadt, nach Nürnberg, das für ihn zum Pflaster für Poesie und Dramen wurde, zur Stadt, in der die Straßenbahn immer noch den Namen »Sehnsucht« trägt.

Franken ist für Fitzgerald Kusz Gottseidank kein Bratwurst-Schäuferla-Bier-Silvaner-Glubb-Barradies: Allmächt, Franken! Das Franken seiner Theaterstücke und Gedichte ist der Schauplatz menschlicher Unzulänglichkeiten, Kränkungen und komischer Missverständnisse, ein Hort kleinbürgerlicher Engstirnigkeit und falscher Gesinnungen. Da muss man nur ein Schlagwort in den Raum werfen: *Schweig, Bub!* Was wird da vorgeführt? Franken wie es leibt und lebt. Ein Volksstück, das Franken als liebenswürdig bis erschreckend unterhaltsamen Mikrokosmos präsentiert, der für die typische kleinbürgerliche, vielleicht sogar universale Provinzgesinnung steht. Familienmief und Sprachhülsen zum Brüllen und Davonlaufen. An dem Stück merkt man auch, dass Fitzgerald Kusz mehr mit Bertolt Brecht oder den progressiven Dichtern der Wiener Gruppe am Hut hat als mit Herbert Hisel oder den Peterlesboum. Von heutzutage populären Witzbolden ganz zu schweigen.

Fitzgerald Kusz ist 1944 geboren, ein Kriegskind also. Er gehört zur Generation der 68-er, die die damalige Bundesrepublik befreit hat von Muff, Erstarrung und Verdrängung. Zu dieser politischen Herkunft hat er sich zeit seines Lebens immer selbstbewusst bekannt.

Diese Aufsässigkeit, die kritische Befragung der Verhältnisse und Denkweisen, hat Fitzgerald Kusz nie aufgegeben und er hat sie – ebenso wie sein Bamberger Freund und Kollege Gerhard C. Krischker – der fränkischen Dialektliteratur unverlierbar ins Stammbuch geschrieben, worüber wir bis heute dankbar sein können, denn genau dies begründet das hohe Niveau und große Ansehen der fränkischen Dialektliteratur heute.

Noch in seinen knappsten Dreizeilern steckt diese herzerfrischende Infragestellung des Bestehenden, z.B. im folgenden Gedicht *live*, das den Schwachsinn der Medienindustrie aufspießt:

*des lebm*
*wos däi uns vuälebm*
*dass mäs nouchlebm*
*is blouß deoodä*

Eine Laudatio soll loben, auch wenn es das Loben hier in Franken – wie wir wissen – sehr, sehr schwer hat: *Nix gsachd is globd gnuuch!*

Aber im Fall von Fitzgerald Kusz muss man einfach loben. Seit ungefähr vier Jahrzehnten verkörpert er die moderne fränkische Dialektliteratur wie kein anderer. Er ist eine Institution. Kult. Ein Klassiker. Allein die Menge an Gedichtbänden, Theaterstücken, Drehbüchern, Hörspielen und Szenen spricht Bände – nicht zu vergessen Hunderte, ja wohl Tausende von Lesungen und Auftritten. Viele seiner Stücke wurden in andere Dialekte und Sprachen übersetzt, wo sie ebenso treffsicher funktionieren.

Nicht zuletzt möchte ich hinzufügen, dass er als Mentor auch mir am Anfang sehr geholfen hat und ein noch heute, nach fast 20 Jahren, gültiges Nachwort verfasst hat zu meinem allerersten Gedichtband *Frankn lichd nedd am Meer*.

Deshalb ziehe ich heute von Herzen gerne meinen Hut vor Fitzgerald Kusz, ich sage ihm besten Dank und beglückwünsche ihn zu diesem schönen, noch jungen fränkischen Preis.

Im Grunde können wir uns aber selbst gratulieren, dass wir Fitzgerald Kusz haben, hier in Mittelfranken. Er ist ein Pionier der Mundartliteratur, er hat Neuland erschlossen und Bleibendes geschaffen. Wir können wahrlich mit Schiller freudetrunken ausrufen: »Diesen Kusz der ganzen Welt!«

Und was hat das alles mit August von Platen zu tun, mit diesem unglückseligen Dichter, für den die Poesie, die Schönheit, die Kunst zum Heilmittel für die Malaise des Lebens und Liebens werden sollte?

Na, ganz einfach: Ansbach und Poesie. Ansbach ist heute Abend ein guter Ort für die Poesie. Also rufe ich freudetrunken aus: *Preis diesem Manne, Preis dieser Stadt, Preis der Poesie!* Oder auf gut Westmittelfränkisch gesprochen:

*A Leem lang Biecher schreim*
*Ab und zu Breise grieng dafier –*
*Doo maggsd fei wos mid!*

Helmut Haberkamm
8. November 2011